WO GEHST DU DENN HIN, BÄR?
SÜDAMERIKA. UNGEFÄHR CHILE. ODER SO. TIGER..

JANOSCH

GROSSER KLEINER TIGER-ATLAS

LITTLE TIGER BOOKS

Janosch wurde 1931 in Zaborze (Polen) geboren, lebte in Paris und München und wohnt seit 1980 in Spanien.
Er schrieb und malte etwa 200 Kinderbücher, Romane, Theaterstücke und anderes mehr.
Er erhielt u. a. den französischen und den deutschen Kinder- und Jugendbuchpreis.

Der Text dieses Buches entspricht den Regeln der neuen deutschen Rechtschreibung.

neu arrangierte Ausgabe, 1. Auflage
Gesamtherstellung: novoprint, Barcelona
ISBN 978-3-931081-49-2
www.little-tiger.de

Einmal sagte der kleine Tiger zum kleinen Bär:
»Rate mal, wo ich geboren bin!«
»Wolfenbüttel«, sagte der kleine Bär.
»Nein«, sagte der kleine Tiger.

»Dann Athen oder so.«
»Auch nicht.«
»Oder Remscheid-Achterbahn.«
»Dort schon gar nicht, alter Junge, denn das kenne ich nicht.«

»Dann in Paris-London-Berlin und Köln am Rhein, wo mein Onkel, der große dicke Waldbär, wohnt.«
»Nein, nein, nein!«, rief der kleine Tiger. »In Indien.«

»Indien gibt es nicht«, brummte der kleine Bär, drehte sich um und wollte schlafen.
»Alle Tiger sind in Indien geboren«, rief der kleine Tiger und sprang auf den Tisch.
Indes der kleine Bär schon schnarchte.
Wegen des Lärms stand er aber wieder auf, nahm Schaufel und Korb und wollte in den Garten gehen, Petersilienwurzeln graben.
»Ich werde dir Indien zeigen«, sagte der kleine Tiger, »weil Maja Papaya einen Atlas hat.«

Der kleine Tiger schwang sich auf sein Tiger-Bikel und raste hastdudenhasennichtgesehenwieerläuftsoschnell und holte Maja Papaya mitsamt ihrem Atlas.

»Ein Atlas heißt Atlas«, sagte Maja Papaya, »weil eine alte Geschichte erzählt, dass der Riese Atlas das Himmelsgewölbe auf seinen Schultern trägt.«

»Ist total keine Kunst«, rief der kleine Tiger. »Das kann jeder. Weil der Himmel nichts wiegt. Der Himmel ist Luft, und Luft wiegt nichts.«

»In einem Atlas befinden sich die Landkarten aller Länder der Erde, und die Erde ist ein Planet und schwebt im Kosmos. Keiner kann sagen, wie groß der Kosmos ist, er ist so unendlich wie die Ewigkeit. Beide haben keinen Anfang und kein Ende.«

»Ha!«, rief der glückliche Maulwurf, »die Ewigkeit fängt hier an meinem Finger an, dann geht sie ganz herum um den Kosmos und hört hier an meinem Finger wieder auf. So ist das.«

»Die Erde gehört zum Sonnensystem und ist ein Planet. Sie kreist mit anderen Planeten um die Sonne, und dabei dreht sie sich auch noch um sich selbst. Deswegen fällt das Sonnenlicht immer auf die eine Hälfte der Welt. Auf der Sonnenseite ist es dann Tag, auf der anderen Hälfte ist es Nacht. Um die Erde kreist aber wieder der Mond.«
»Und zwischen den Planeten rasen die Astronauten herum«, rief der kleine Tiger. »Und wir wissen, dass die Erde eine Kugel ist. Rund. Ich fahre nämlich mit meinem Tiger-Bikel erst bergauf, dann bergab – klar!«

»Von oben sehen die Astronauten, dass drei Viertel der Erdoberfläche von Meeren bedeckt sind. Das Meerwasser ist salzig, weil der Meeresgrund aus Mineralien besteht, die sind salzig und lösen sich auf.«

Die drei größten Meere nennt man Ozeane. Es sind der Atlantische Ozean, der Indische Ozean und der Pazifische Ozean. Um den Nordpol herum gibt es das Nordpolarmeer und um den Südpol das Südpolarmeer. Außerdem gibt es auf der Erde noch etliche kleinere Meere. Zum Beispiel das Mittelmeer, das Rote Meer, die Nordsee, die Ostsee.

Das Wasser der Meere ist immer in Bewegung. Von oben und auch hier im Atlas sehen die sieben Erdteile oder Kontinente wie große Inseln in den Weltmeeren aus: Europa, Asien, Afrika, Nordamerika, Südamerika, Australien, Antarktika.

»Und auf den Meeren rasen die Seeräuber mit ihren Schiffen und zerschellen an den Klippen. Wummmmtrallala!«, sang der glückliche Maulwurf in seinem Turnschuh, denn er träumte von der christlichen Seefahrt der wilden Maulwürfe.

»Landkarten braucht jeder«, sagte Maja Papaya, »der eine Reise machen will. Er sucht zuerst den Ort, wo er losgeht, und dann das Ziel. Wo wollt ihr denn hin, Jungs?«
»Indien«, rief der kleine Tiger. »Dort bin ich geboren.«
»Und wo soll die Reise beginnen?«
»In Köln«, brummte der kleine Bär. »Denn Köln kennen wir. Dort wohnt mein Onkel, der große dicke Waldbär. Und dort steht der große schwarze Dom, vor dem kann ich mich fürchten.«
»Hier, wo ich den großen roten Pfeil auf die Weltkarte lege«, sagte Maja Papaya, »liegt Köln und bei den zwei Pfeilen Indien.«
»Ist gar nicht weit«, brummte der kleine Bär, »nur von hier bis da. Keine zehn Zentimeter, 'ne Minute, grob geschätzt. Katzensprung.«
Na, mein lieber Bär, das ist aber ein Irrtum! Ein Zentimeter auf der Karte ist auf der Erdkugel viele hundert Kilometer weit.

Köln ist eine große Stadt und liegt am Rhein. Man baute die Städte früher an den Flüssen, weil man dann mit den Schiffen die Waren und die Leute bis zum Meer befördern konnte. In Köln gibt es jetzt so viele Menschen, dass sie bald keinen Platz mehr zum Wohnen und zum Schlafen haben.
»Warum gibt es so viele Menschen?«, fragte der kleine Tiger.
»Sie werden geboren«, antwortete der kleine Bär.

Spring, mein Schifflein! Spring!
Asien
Indien
Australien
Ich fürchte mich nicht vor dem schwarzen Dom

Köln liegt im Westen von Deutschland. Auf der Landkarte ist oben immer Norden, links Westen, rechts Osten und unten Süden. Draußen findet man Norden mit dem Kompass. Seine Nadel zeigt immer nach Norden. Das muss man wissen, wenn man einen Weg sucht. Wir suchen auf der Landkarte nun den Weg nach Indien und verbinden die beiden Orte mit einem roten Strich. Dabei können wir verschiedene Wege aussuchen. »Können wir auch über Italien?«, rief der kleine Tiger, »wegen Spagetti mit Tomatenpapp. Hujujujuju, mir läuft das Wasser im Mund zusammen vor lauter Leidenschaft.«
Wir gehen also in Deutschland nach Süden Richtung Österreich. Die Hauptstadt von Deutschland heißt Berlin. Die Hauptstadt von Österreich heißt Wien. Jedes Land hat eine Fahne.
In Deutschland gibt es sehr viele Fabriken. Alle zusammen heißen die Industrie. Da werden Autos, Maschinen, Werkzeuge, Schiffe, Textilien, Flugzeuge, Möbel und noch vieles mehr hergestellt und in andere Länder der Welt verkauft.

Deutschland
Belgien
schöner Karton
Polen
Norwegen
Großbritannien
Irland
Norwegen
Schweden
Finnland
N
W
O
S
Umweltschmutz
Petersburg
Ostsee
Russland
rdsee
Berlin
Polen
Moskau
Deutschland
München
Österreich
Balkan
Schwarzes Meer
Italien
Korsika
rdinien
Türkei
Griechenland
Athen
Sizilien
Kreta
Mittelmeer

Das nennt man den Export. Alles, was Räder hat und auf Straßen fährt, nennt man Verkehr.
»Auch mein Tiger-Bikel und meine Tigerente haben Räder«, rief der kleine Tiger, »dadurch sind wir der Verkehr. Oder was?«

Wir gehen über die Alpen und ein kleines Stück durch Österreich. Und schon sind wir in Italien. Die Hauptstadt von Italien heißt Rom, dort wohnt der Papst. Italien sieht aus dem Weltall aus wie ein Stiefel, ist eine Halbinsel und liegt im Mittelmeer. Es gibt dort zwei große Vulkane, den Ätna und den Vesuv. Ein Vulkan speit manchmal Feuer, weil es tief in der Erde noch sehr heiß ist und das Feuer an manchen Stellen ausbricht.
Die schönste Stadt von Italien ist Venedig. Dort sind Paläste wie aus einem Märchen auf Pfähle ins Wasser gebaut. So viele Leute wollen Venedig sehen, dass die Stadt durch das Gewicht der Menschen einmal versinken könnte. Manchmal wird sie deswegen gesperrt.
Zu Italien gehören zwei größere Inseln, Sardinien und Sizilien, und ein paar kleinere Inseln. Die größten Städte sind Rom, Mailand, Turin und Genua. Die größten Flüsse sind der Po und der Tiber.
Rom liegt am Tiber, Mailand am Po.

15
Nord
Wo
O
Süd
Ravenna
Pisa
Rom
Balkan
Griechenland
Olymp
Italien
Sizilien

Rezept für eine hujujui Nudelsoße.

5-6 Esslöffel Olivenöl in eine Pfanne tun.
3-4 Zwiebeln klein schneiden, auch in die Pfanne!
Schmoren lassen, bis die Zwiebeln glasig sind.
Die Zwiebeln <u>nicht braun</u> werden lassen!!

5-6 Tomaten hineinschneiden. Sehr viel Knoblauch hineinpressen oder schneiden. Italiener nehmen 10 ~~Knollen~~ Zehen und noch mehr. Sehr viel Origano oder Basilikum oder Majoran frisch oder getrocknet dazutun. Pfefferkörner nach Lust im Mörser zerstoßen (geht auch mit der Pfeffermühle oder einem Hammer). 30 Minuten oder länger schmoren lassen. Flüssig halten durch Hinzufügen von Öl oder etwas Wasser.

Sehr wichtig

1 <u>großen</u> Bouillon-würfel zusammen mit den Tomaten hineintun

In Venedig gibt es kaum Straßen. Kirchen, Häuser und Paläste sind von Wasser umgeben. Alles wird auf Gondeln transportiert. In Pisa steht ein Turm, der ist so schief, dass er eines Tages umfallen wird, wenn niemand ihn rettet. Die meisten Leute fahren nach Italien, um sich in die Sonne zu legen und zu baden. Andere, um italienisch zu essen oder wegen der Kunstschätze. Aber fast alle fahren, weil es dort wärmer ist. Und wärmer ist es, weil Italien näher am Äquator liegt als Deutschland.

»Mit dem Äquator ist das so: Dort, wo die Sonne um Mittag am höchsten steht, ist die Hitze am größten. Klar? Das ist in der Mitte. Und diese Mitte heißt Äquator«, sagte Maja Papaya.
»Zum Nordpol und zum Südpol strahlt die Sonne nur so flach hin, dass dort seit Ewigkeiten das Eis nicht schmilzt. Am Nordpol und am Südpol ist es also am kältesten. Alles ist weiß: die Eisberge, die Eisbären.«
»Ich habe dort einen Onkel«, rief der kleine Bär, »der heißt Eisbär – Großer-Dicker-Eisbär.«
»Aber nicht alles ist weiß«, rief der glückliche Maulwurf.
»Die Robben nämlich sind schwarz. Die Pinguine tragen einen schwarzen Frack. Und so weiter. Wenn du etwas sagst, muss es auch ungefähr genau richtig sein. Ja?«
»Am heißesten ist es in Afrika, weil in seiner Mitte der Äquator liegt.«

19
Äquator
Großer-Dicker-Eisbär
Pinguin

»In Afrika gibt es keinen Winter, aber viel Wüste. Die Sahara ist die größte Wüste der Erde. Afrika ist ein Riesenkontinent und besteht aus über 50 Staaten und hat fast 600 Millionen Einwohner, die tausend verschiedene Sprachen sprechen. «

»Hujujujui, tausend Sprachen! Ist ja der totale Heuler«, rief der kleine Tiger, »könnte ich nie lernen.«

»In Afrika gibt es sehr schöne Menschen. Am schönsten sehen die Tuareg aus.« »Ich bin ein Tuareg!«, rief der kleine Tiger.

»Viele Afrikaner sind schwarz. Manchmal ist es dort so trocken und heiß, dass die Menschen verhungern und verdursten. Oben im Norden sprudeln Ölquellen, und manche Scheichs sind unendlich reich.

In Afrika gibt es unzählbar viele und schöne Tiere: Elefanten, Löwen, Leoparden, Giraffen, Zebras, Nashörner, Büffel, Antilopen. Sie leben auch in großen Tierparks, wo sie nicht mehr ausgerottet werden dürfen.

In Südafrika wird Gold gefunden, und es gibt Diamantminen. Schwarze werden dort auch heute noch von Weißen unterdrückt. Unser Weg geht nicht durch Afrika.«

ibyen
Ägypten
Sudan
Kuwait
Köln
Deutschland
Frankreich
Griechenland
Spanien
Portug
Mittelmeer
Türkei
Iran
Bagdad
Irak
Tunis
Marokko
Kairo
Nil
Arabien
AFRIKA
Saharawüste
Kenia
Zaire
Victoriasee
Äquator
Atlantischer Ozean
Indischer Ozean
Kongo
Luanda
Johannisburg
Kapstadt

»Wir fahren von Italien über das Mittelmeer und durch Griechenland. Griechenland gehört zu Europa. Europa ist der zweitkleinste Kontinent der Erde und besteht aus 37 Staaten. Hier leben mehr als 650 Millionen Menschen. Griechenland gehört zu den Balkanländern. Seine Hauptstadt ist Athen. Griechenland hat viele schöne Inseln. Früher haben hier die griechischen Götter gewohnt. Wir ziehen weiter in die Türkei.«

»Oh, die Türkei!«, rief der kleine Tiger. »Ich habe eine Freundin, die ist Türkin. Die Türkei lieben wir, denn dort gibt es türkischen Honig und Baklava – hujujujujui, das begeistert mein Gemüt.«

»Die Hauptstadt der Türkei ist Ankara«, sagte Maja Papaya. »Ein kleiner Teil der Türkei gehört zu Europa, der größere zu Asien.«

Jetzt musste der kleine Bär wieder mal pinkeln, kam aber schnell zurück, weil er gleich um die Ecke an die Hauswand geschifft hatte, um nichts zu verpassen. »Die größten Flüsse sind der Kizilirmak und der Euphrat. Die großen Städte heißen Istanbul, Ankara, Izmir, Adana, Bursa und Gaziantep.«

»Jetzt ist's aber genug«, brummte der kleine Bär, »so viel kann ich mir nicht merken. Wo ist endlich Indien?«

»Hier«, sagte Maja Papaya und zeigte es ihnen auf der Landkarte. Der kleine Tiger sagte, er wolle mit dem Tiger-Bikel durch die Türkei radeln.

Na, mein lieber Tiger, da würdest du dich aber wundern! Die Türkei ist ein großes Land. Auf der Landkarte sieht alles viel kleiner aus.

Sie waren am Kaukasus vorbei über das Kaspische Meer und nach Afghanistan und Pakistan gereist. Und der kleine Bär hatte gesagt: »Im Kaukasus habe ich einen Onkel, der heißt Großer-Dicker-Russenbär. Wollt ihr ein Foto sehen?«
»Nein!«, rief der glückliche Maulwurf, »du hast zu viele Onkel.« Dann endlich waren sie in Indien.
»Oh, du Land meiner Väter!«, rief der kleine Tiger. »Hier bin ich so gut wie sicher geboren. Wo seid ihr, Königstiger? Hier stehe ich, euer Königstigerenkel.«
Doch es kamen keine Tiger. Und Maja Papaya sagte:
»Die Menschen haben die Tiger fast ausgerottet. Es gibt nur noch sehr wenige, die verborgen im Dschungel leben.«
Da schwor der kleine Tiger den Menschen ewige Rache.
Indien hat 800 Millionen Einwohner. Viele Menschen sind so arm, dass sie auf den Straßen verhungern. Manche aber sind so reich, dass sie in goldenen Palästen wohnen.

Afghanistan
Himalaya
Pakistan
Indus
Nepal
Bhutan
Delhi
Lucknow
Kanpur
Brahmaputra
Ahmadabad
Dhaka
ganges
INDIEN
Kalkutta
golf von Bengalen
Bombay
Haidarabad
madras
mangalore
Indischer Ozean
madurai
Taj-Mahal
colombo
Sri Lanka
Vietnam
Thailand
Indonesien

Indien ist ein geheimnisvolles Land. Es gibt dort Menschen, die töten nie ein Lebewesen, nicht einmal eine Fliege. Sie essen kein Fleisch und sie glauben, dass alle Lebewesen immer wiedergeboren werden.
Der größte Fluss ist der Ganges, und den Indern ist er heilig. Der Ganges ist unsagbar schmutzig, doch die Inder baden darin, und wenn sie krank sind, trinken sie das Wasser und werden gesund. Wenn man fest an etwas glaubt, dann tritt es ein. Auch wenn es anderen wie ein Wunder erscheint.
In Indien gibt es die Yogis. Das sind Heilige, die essen so gut wie nichts. Manche können in der Luft schweben oder sich begraben lassen und kommen nach zwanzig Tagen wieder aus dem Grab heraus.

In den Städten laufen auf den Straßen Kühe herum. Sie können sich mitten in den Verkehr legen, und niemand verjagt sie, denn Kühe sind in Indien heilig und werden nie geschlachtet. Zum Ziehen der Pflüge dürfen sie benutzt werden. Ihre Lasten packen die

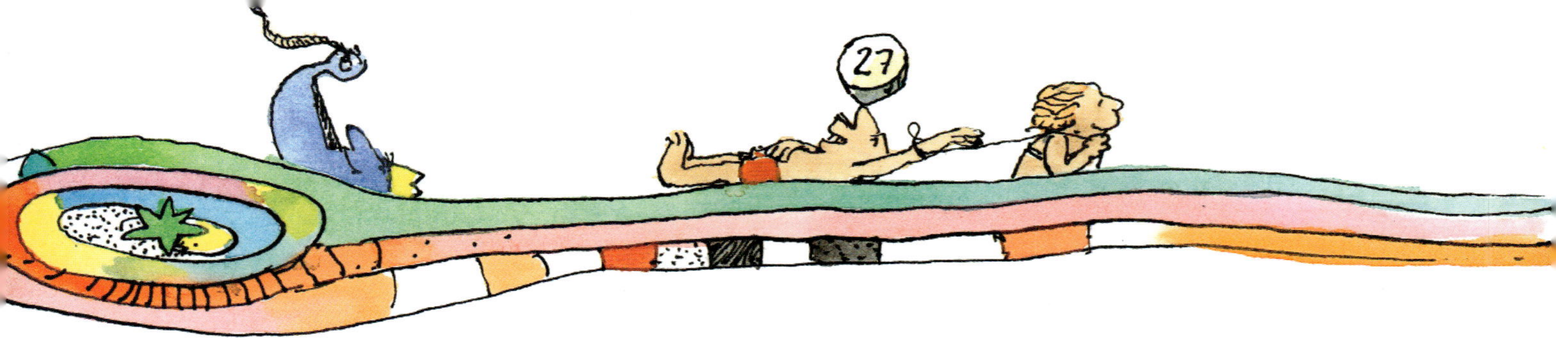

Inder auf Elefanten. Und wer reich ist, lässt sich in einer Sänfte tragen. Im Norden von Indien liegt das Himalayagebirge mit dem höchsten Berg der Welt, dem Mount Everest. Aus aller Welt fahren die Bergsteiger dort hin, um den Rand der Ewigkeit zu spüren.
»Das brauche ich nicht«, brummelte der glückliche Maulwurf, »weil sich der Rand der Ewigkeit überall befindet. Sogar auf dieser Erbse.«

»Die Bauern in Indien bauen Reis, Hirse, Weizen und Baumwolle an, aber es reicht nicht, um die vielen Menschen zu ernähren. Und es werden immer mehr geboren. In den Städten ist die Not am größten.

Die Hauptstadt von Indien heißt Delhi.
Andere große Städte sind Kalkutta, Madras, Bombay oder Heidarabad.«

Der kleine Bär sagte, er wolle jetzt lieber nach Hause.
Er habe Hunger.
Da schlug Maja Papaya im Atlas die Seite mit der Weltkarte auf.

»Weil die Welt rund ist, müssen wir nur weiter nach Osten reisen und kommen dann von Westen her wieder zu Hause an.«

König des Meere
N
W
O
S
Russland
China
Japan
Pazifischer Ozean
Arabien
Indien
Indonesien
Indischer Ozean
Australien
Jugendlicher Weltumsegler
WELTKARTE

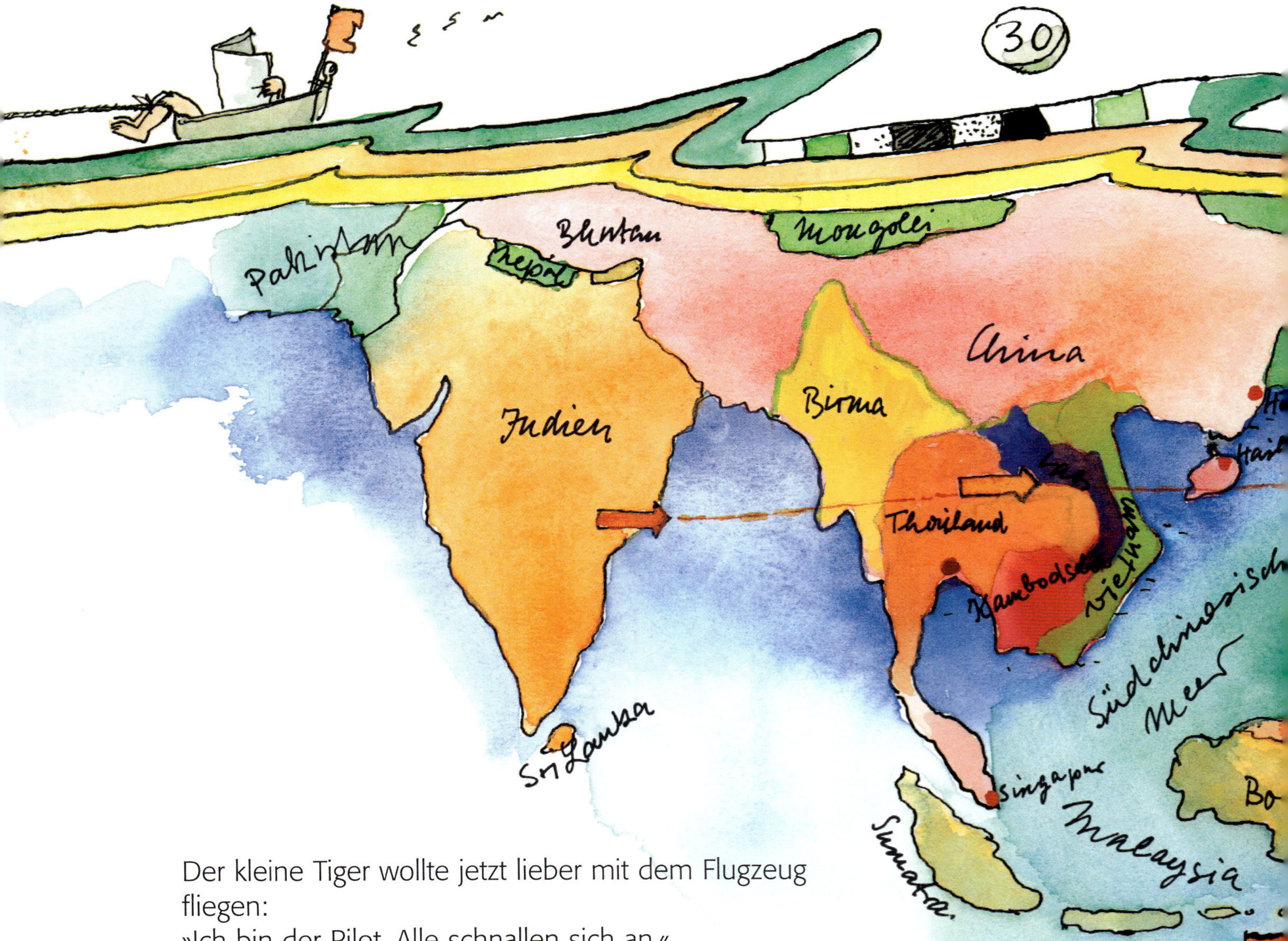

Der kleine Tiger wollte jetzt lieber mit dem Flugzeug fliegen:
»Ich bin der Pilot. Alle schnallen sich an.«
Und so flogen sie an China vorbei.
In China gibt es die meisten Menschen der Welt. Gesetzt den Fall, alle Chinesen springen in derselben Sekunde von einem Stuhl, dann würde die Erde so sehr schwanken, dass sie aus der Bahn trudelte. Das könnte der Weltuntergang sein! Vor einiger Zeit hatte China 1,11 Milliarden Einwohner. Die Hauptstadt von China ist Peking. Zur Volksrepublik China gehört auch Tibet. Das tibetische Volk ist sehr geheimnisvoll. Tibeter reden mit ihren Göttern im Himalaya. Sie sind Buddhisten und deswegen meist glückliche Menschen, denn ein Buddhist strebt nicht nach Reichtum. Buddhisten führen keine Kriege. Das geistige Oberhaupt der Tibeter ist der Dalai-Lama. Er ist ein heiterer, bescheidener und heiliger Mann. Die Chinesen unterdrückten die Tibeter, sie zerstörten ihre Tempel und der Dalai-Lama musste fliehen.

Bevor ein Dalai-Lama stirbt, nennt er den Namen eines Kindes, das bald irgendwo in der Welt geboren und sein Nachfolger wird. Wenn wir von China nach Süden fliegen, erreichen wir nach einigen Stunden Australien. Doch es liegt nicht auf unserem Weg.

Australien ist der kleinste Kontinent. Seine Hauptstadt heißt Canberra. In Australien lebten die Ureinwohner des Landes, die Aborigines, noch bis vor kurzem wie in der Steinzeit. Sie sind dunkelhäutig, konnten magischen Zauber vollbringen, und manche streifen auch heute noch mit Bumerang und Speer umher. Man fand Felszeichnungen, die 20 000 Jahre alt sind.
Nach der Entdeckung Australiens durch James Cook kamen immer mehr Weiße und verdrängten die Ureinwohner.
Australien ist ein heißes, trockenes Land. Hier wächst der Eukalyptusbaum, und es gibt Kängurus, Koalas, Krokodile, Dingos, Schafe und viele Kaninchen.

Von China fliegen wir Richtung Osten geradeaus über den Pazifischen Ozean. Japan liegt links von unserer Reiselinie.
»Japan kenne ich«, rief der kleine Bär. »Denn ein Freund von mir hat einen japanischen Walkman. Und sein Vater hat ein japanisches Auto.«

Wenn wir weit genug geflogen sind, kommen wir nach Amerika.

Zu Nordamerika gehören die Vereinigten Staaten, Kanada, Grönland und Mexiko. Vor 500 Jahren entdeckte der italienische Seefahrer Christoph Kolumbus mit seinen drei Schiffen Santa Maria, Pinta und Niña Amerika. Ihm folgten die christlichen Eroberer. Sie nahmen den Indianern das Land weg und zerstörten ihre Kulturen. Sie raubten ihre Schätze und verschifften sie nach Europa. Heute gibt es nur noch sehr wenige Indianer.

Die Vereinigten Staaten von Amerika bestehen aus 50 Staaten. Hier leben 250 Millionen Menschen. Die Amerikaner sind ein Volk aus Weißen, Schwarzen, Chinesen, Japanern, Indianern und Eskimos. Der längste Fluss der USA ist der Mississippi, die Hauptstadt heißt Washington. Amerika ist das Land der großen dicken Autos und der unendlich langen Straßen.

»Oh, große dicke Autos!«, rief der kleine Tiger. »Da würde ich in einem gelben Straßenkreuzer mit Faltdach, Radio und Doppelvergaser über das Land rasen wollen. Volle Pulle auf die Hupe ... Kaaanadaaa, bis nach Grönland ...« »Umweltschädling, das darf man dort gar nicht«, brummte der kleine Bär und wollte nach Hause.

Baffin-Insel
Baffinbai
Grönland
Victoria-Insel
Alaska
Hudsonbai
Neufundland
Labrador
Mackenzie
Kanada
Atlantischer Ozean
Montreal
Große Seen
New York
Philadelphia
Washington
Chicago
Missouri
Rocky Mountains
USA
Appalachen
Ohio
Arkansas
Mississippi
Rio Grande
San Francisco
Los Angeles
New Orleans
Bahamas
Kuba
Golf von Mexiko
Mexiko
Pazifischer Ozean
Dominikanische Republik
Mexiko City
Honduras
Guatemala
Nicaragua
Costa Rica
Panama
Nordamerika

Die acht Stunden über den Atlantischen Ozean von Amerika bis Köln vergingen wie im Flug, weil Maja Papaya ihnen von Südamerika erzählte.

»Südamerika sieht aus wie ein auf die Spitze gestelltes Dreieck. Dieser Kontinent besteht aus zwölf Staaten. Der größte Staat ist Brasilien.
Die Hauptstadt von Brasilien heißt Brasilia. Der größte Fluss ist der Amazonas mit den Regenwäldern. Die Regenwälder sind die Seele der Welt, weil sie das Klima unserer Erde regulieren. Es gibt die wunderbarsten Bäume und Pflanzen.

Panama
Kolumbien
Bogota
Venezuela
Caracas
Ecuador
Guyana
Surinam
Franz. Guyana
N
W
O
S
Amazonas
Peru
Lima
Bolivien
Brasilien
Brasilia
Bahia
Rio de Janeiro
Sao Paulo
Paraguay
Chile
Argentinien
Colorado
Buenos Aires
Uruguay
Porto Alegre
Umweltverschmutzung
Atlantischer Ozean
Pazifischer Ozean
Santiago de Chile
Kap Hoorn
Südamerika
Du bist ein wahrer Hundsfott

Doch die Menschen holzen die Wälder ab und vernichten Pflanzen und Tiere.« »Warum tun sie das?«, fragte der kleine Bär.
»Sie sagen, sie brauchen Ackerland. Aber das ist nicht wahr, denn das gerodete Land eignet sich nicht dafür. Es wird nur eine Zeit lang als Weide für Schlachtvieh genutzt. Die Menschen tun das, um damit Geld zu verdienen.«
»Der Mensch ist eine Sau«, brummte der kleine Bär und sagte, er sei froh, dass er ein Bär ist.
»Sie verkaufen auch tropisches Holz, und dann macht man Möbel daraus.«

»Es gibt Bäume, die reichen bis zu sechzig Meter in den Himmel – fast halb so hoch wie der Kölner Dom. Pro Tag werden Tausende und Abertausende von ihnen gefällt ...«
»Hör bloß auf«, rief der kleine Tiger und hielt sich die Ohren zu, »ich halt das nicht mehr aus.«
Und er war froh, als sie in Köln landeten.

Zu Hause schenkte Maja Papaya ihnen den wunderbaren Atlas für immer und ewig, und der kleine Tiger jubelte: »Jujujujujui – das ist die totale Sause. Dann können wir von nun beliebig jeden Tag eine Reise machen – egal, wohin.«

Na, und in der Tat:

Was für ein Geschenk, ihr Leute!